ÉDITIONS SAINT-SÉBASTIEN

-2016-

L'ENSEIGNEMENT AVANT 1789

ET PENDANT LA RÉVOLUTION [1]

I

On a vu, dans le précédent chapitre, que les bourgeois d'avant 1789 n'avaient pas grand'chose à envier aux bourgeois d'aujourd'hui. Sous le rapport de l'instruction, ils étaient même très supérieurs à ceux de l'heure présente. C'est ce qui ressort, avec une incontestable évidence, des faits et des documents réunis par M. l'abbé Sicard dans son livre sur les *Études classiques avant la Révolution*.

En 1842, M. Villemain, ministre de l'instruction publique, présenta un projet de loi sur la liberté d'enseignement et le fit précéder d'un éloquent exposé des motifs. Le projet de loi ne tarda pas à sombrer, mais l'exposé des motifs a survécu. Comparant, sous le rapport de l'instruction secondaire, 1842 à 1789, le ministre montrait qu'en 1789 *un enfant sur trente* fréquentait les

[1] *Les Études classiques avant la Révolution*, par l'abbé Sicard, un vol. in-18, 1887. — *L'Œuvre scolaire de la Révolution*, par l'abbé *Allain*, un vol. in-8°, 1892.

collèges, tandis qu'en 1842 la proportion n'était plus que d'*un sur trente-cinq*.

Cinq cent soixante-deux collèges, fréquentés par soixante-douze mille sept cent quarante-sept élèves, tels étaient, pour l'année 1789, les chiffres donnés par M. Villemain, d'après des documents officiels; mais ces chiffres étaient encore très au-dessous de la vérité, comme l'ont établi les enquêtes faites sur place depuis 1842.

Pour la Seine-Inférieure et pour l'Eure, là où le tableau de M. Villemain porte sept et six collèges, M. de Beaurepaire [1] en trouve douze et onze. Dans la Sarthe, M. Bellée [2] trouve vingt collèges au lieu de quatorze. Dans l'Yonne, M. Quantin [3] donne seize collèges au lieu de huit. Dans la Loire-Inférieure, M. Léon Maître [4] signale douze collèges au lieu de deux. C'est donc, pour *cinq* départements seulement, *trente-quatre* collèges omis par M. Villemain.

L'auteur d'une brochure sur *les Collèges en France avant la Révolution,* M. Silvy, résume ainsi les résultats de l'enquête à laquelle il s'est livré : « On ne peut pas évaluer à moins de *neuf cents* le nombre des écoles secondaires sous l'ancien régime. Et je dois ajouter encore que mon enquête n'est point terminée et que je trouve chaque jour de nouveaux établissements. »

Pour être dans le vrai, il faut augmenter au moins d'un tiers les chiffres de M. Villemain, et reconnaître

---

[1] Robillard de Beaurepaire, *Recherches sur l'instruction publique dans le diocèse de Rouen,* 3 vol. in-8°.

[2] Bellée, *Recherches sur l'instruction publique dans le département de la Sarthe.*

[3] Max Quantin, *Histoire de l'enseignement secondaire dans le département de l'Yonne.*

[4] Léon Maître, *l'Instruction publique dans les villes et les campagnes du comté nantais avant 1789.*

par suite que la proportion des élèves fréquentant les
collèges, descendue à *un sur trente-cinq* en 1842, était,
en 1789, d'*un sur vingt!*

L'instruction secondaire est tellement répandue, à
cette époque de soi-disant obscurantisme, que de tous
côtés des réclamations s'élèvent contre ce « torrent d'éducation qui entraîne tout, qui submerge les chaumières
et dépeuple les campagnes [1] ». C'est un cri général contre
le « trop grand nombre de collèges »; les parlementaires,
les philosophes sont les premiers à le faire entendre.

« Pourquoi cette fureur d'apprendre le latin et les
langues ? s'écrie la Chalotais. N'y a-t-il pas trop d'écrivains, trop d'académies, trop de collèges? Il n'y a jamais
eu tant d'étudiants. Le peuple même veut étudier. Des
laboureurs, des artisans envoient leurs enfants dans les
collèges des petites villes où il en coûte peu pour vivre [2]. »

Un autre parlementaire, le président Rolland, tout en
déclarant que « l'éducation ne peut être trop répandue »,
que « chaque classe de citoyens » doit être « à portée »
de recevoir « l'éducation qui lui est propre », signale
à son tour comme un danger l'extrême multiplicité des
collèges, qu'il voudrait voir remplacés, au moins en
partie, par de simples pédagogies. « N'y a-t-il aucun
inconvénient, ajoute-t-il, à laisser subsister cette multi-
tude de collèges qui se sont établis successivement dans
les petites villes du royaume et jusque dans les bour-
gades?... Les collèges de plein exercice sont trop multipliés. » Et le président Rolland citait à ce sujet la récla-
mation suivante de la municipalité de Thouars : « *Il
s'est élevé depuis quelque temps un cri général contre la
multiplicité des collèges.* Le gouvernement a été persuadé
que la culture des terres en souffrait et qu'une ambition

[1] Verlac, *Nouveau plan d'éducation pour toutes les classes*, 1789.
[2] La Chalotais, *Essai d'éducation nationale*, 1763.

mal entendue des pères de famille enlevait à l'agriculture et au commerce d'excellents laboureurs et de bons artistes... Ce jugement est presque universel [1]. »

Après les parlementaires, les philosophes. Diderot se plaint que tant d'enfants sortis de leur condition soient voués « à l'inutilité, à l'oisiveté et au libertinage [2] ». Mercier, dans son *Tableau de Paris*, écrit de son côté :

Les collèges de plein exercice répandent dans le monde une foule de scribes qui n'ont que leur plume pour toute ressource et qui portent partout leur indigence et leur inaptitude à des travaux fructueux... N'est-il pas ridicule et déplorable de voir des boutiquiers, des artisans, des domestiques même, vouloir élever leurs enfants ainsi que le font les premiers citoyens, se repaître d'une profession imaginaire pour leurs enfants, et répéter imbécilement d'après le régent de sixième : « Oh! le latin conduit à tout! » On les accoutume à faire plus de cas d'un livre que d'une charrue, d'un marteau [3].

Les hommes politiques parlent ici comme les philosophes et les magistrats. L'intendant de Flandre écrit, le 22 septembre 1768, au contrôleur général des finances :

Je suis bien éloigné de croire que ce soit un bien pour l'État d'ouvrir des collèges aux enfants de la campagne ; la plupart ne deviennent que des sujets médiocres, qui, après avoir épuisé leur famille pour activer leurs études, n'en profitent que pour augmenter le nombre des religieux mendiants, beaucoup moins utiles à l'État que de bons ouvriers ou laboureurs [4].

L'Université de Paris elle-même ne tient pas un autre langage. Dans les différents mémoires qu'elle

---

[1] *Recueil de plusieurs ouvrages du président Rolland.* Il était membre du parlement de Paris.

[2] Diderot, *Œuvres complètes*, XVII, 300.

[3] *Tableau de Paris*, I, 243 ; III, 63 ; IV, 190.

[4] *Histoire de l'enseignement secondaire dans le Pas-de-Calais*, par M. de Hauteclocque.

adresse au Parlement, elle rappelle que la France « a besoin de soldats, de laboureurs, d'artisans », que d'ailleurs, « au moyen de la multiplicité des collèges, il y a à la vérité plus d'étudiants, mais moins de savoir. »

Chose remarquable, ces plaintes contre la trop grande diffusion de l'instruction ne viennent pas du clergé; l'Église y demeure étrangère. Aussi bien, s'il y a ici un coupable, c'est elle, car cette multiplicité des collèges est son œuvre, et non celle des particuliers ou de l'État. C'est elle qui les a presque tous fondés et qui sait y appeler et y retenir les élèves. A un certain moment, les élèves fréquentant le collège de Clermont, devenu plus tard le collège Louis-le-Grand, étaient au nombre de près de trois mille. En province, le collège de Billom, en Auvergne, comptait jusqu'à deux mille élèves; celui des oratoriens de Nantes en eut jusqu'à douze cents; celui de la Flèche en renfermait treize cents.

Dans tous ces établissements, à très peu d'exceptions près, l'éducation était gratuite. La libéralité faite par le Régent à l'Université de Paris, sur le produit des messageries royales, lui permit de donner l'instruction gratuite dans tous ses établissements de plein exercice, ce que les jésuites avaient toujours fait dans leur collège Louis-le-Grand.

La royauté poussait aussi à la gratuité en province. Les lettres patentes données aux collèges, par exemple pour le collège de Montpellier, en 1765, portaient : « L'enseignement sera gratuit. »

Cette gratuité, du reste, n'était point une charge pour le budget, et les contribuables n'avaient nullement à en souffrir; elle était due à la généreuse piété des fidèles, aux fondations de bourses, aux riches dotations dont l'Église était la dispensatrice. « Quand on parcourt en détail, dit M. l'abbé Sicard, le relevé des revenus des collèges avant la révolution, on s'aperçoit que le plus clair des fondations venait des gens d'église, d'union de bénéfices, etc. » Et il ajoute un peu plus loin : « La gratuité était dans les idées et dans les mœurs avant la révolution. Les fondateurs assuraient aux maisons d'éducation des revenus soit importants, soit modestes, un établissement n'étant pas censé fondé tant qu'il n'était pas doté. »

Si quelques esprits voyaient avec peine cette large gratuité et la signalaient comme un péril, c'étaient précisément ceux qui étaient imbus des idées révolutionnaires et qui déjà les propageaient. En 1789, un homme qui, à peu d'années de là, siégera sur les bancs de la Convention, M. Daunou, écrivait dans le *Journal encyclopédique :* « On a décerné de magnifiques éloges à ceux qui ont contribué à rendre gratuite l'éducation des collèges. *Cette gratuité n'est sûrement pas sans danger, et je n'en aperçois pas moins dans le nombre si multiplié des collèges qui existent en France*[1]. »

II

On le voit, pas n'était besoin de bouleverser la France, d'instituer la guillotine, de verser des torrents de sang, pour tirer le pays de l'ignorance et pour répandre l'instruction.

Dira-t-on que, si les collèges étaient nombreux, l'éducation y était mauvaise et l'instruction médiocre? Ici encore les faits répondent et leur témoignage est irrécusable.

[1] Daunou, *Journal encyclopédique*, 1789, t. VII, p. 281.

Que l'on compare le *Journal officiel* de 1887 au *Moniteur* de 1789, les débats de notre Chambre des députés à ceux de l'Assemblée constituante. Si sévère que l'on puisse être pour les erreurs et les illusions des hommes de 1789, force est bien de reconnaître que ni le talent ni l'éloquence n'étaient rares sur les bancs du tiers état, du clergé ou de la noblesse, et qu'il ne vint jamais à Mirabeau l'idée de traiter ses collègues de sous-vétérinaires. Lorsque les Constituants disparurent pour faire place aux députés de la Législative, il se trouva que la France avait encore une réserve, un second ban d'hommes de talent, et qu'après les Mirabeau, les Maury, les Cazalès, les Malouet, les Siéyès, les Boisgelin, les Talleyrand, les Chapelier, les Merlin, les Thouret, les Mounier, les Clermont-Tonnerre, il y avait les Vergniaud, les Guadet, les Vaublanc, les Brissot, les Girardin, les Isnard, les Gensonné. En regard de ces noms et de tant d'autres qu'il serait aisé d'y joindre, je n'aurai pas la cruauté de mettre ici ceux des médiocres et ridicules comparses qui tiennent aujourd'hui le premier rang et jouent les premiers rôles dans les Assemblées françaises.

Insistera-t-on? Reprochera-t-on à l'enseignement d'avant 1789 ses méthodes surannées, la part trop grande accordée à la rhétorique, la part trop large faite au latin et au grec? Je ne juge pas les méthodes, je n'ai point à comparer celles d'autrefois et celles d'aujourd'hui; je demande seulement à un témoin éclairé, à un juge délicat et sûr, je demande à Joubert ce qu'était l'enseignement secondaire avant la Révolution.

Dans une lettre à Fontanes, du 8 juin 1809, Joubert écrivait au grand maître de l'Université impériale :

Regrettons nos anciens collèges, c'étaient véritablement de petites universités élémentaires. On y recevait une première éducation très complète, puisqu'on en sortait capable de devenir, par ses propres efforts et par ses seules forces, tout ce que la nation voulait. La philosophie et les mathématiques, dont on fait tant de bruit, y avaient des chaires ; l'histoire, la géographie et les autres connaissances dont on parle tant, y tenaient leur place, non pas en relief et avec fracas comme aujourd'hui, mais, pour ainsi dire, en secret et en enfoncement Elles étaient fondues, insinuées et transmises avec les autres enseignements. On les goûtait et on emportait le désir de les apprendre ; on les apprend aujourd'hui, et on part avec le désir de les oublier. Pour me servir d'une métaphore musicale..., on faisait résonner la touche de toutes les dispositions, on déterminait tous les esprits à se connaître et tous les talents à éclore.

C'est par l'effet d'une telle éducation, c'est par cette succession non interrompue de générations, non pas savantes, mais amies du savoir et habituées aux plaisirs de l'esprit, que s'étaient multipliés en France, pays du monde où cette éducation était le mieux donnée et peut-être le mieux reçue, à cause de la tournure d'esprit naturelle à ses habitants, ces caractères où rien n'excellait, mais où tout était exquis dans son obscurité ; cette réunion de qualités où tout charmait, sans que rien y fût distinct ; ce tempérament moral singulier que le philosophe suisse de Muralt croyait particulier à nos climats, et qui servait à former ce qu'on appelait proprement des hommes de mérite, « espèce d'hommes, dit-il, connue en France et presque inconnue partout ailleurs, espèce d'hommes si nécessaires à l'ornement du monde et à l'honneur du genre humain, que les siècles où aucune nation ne pourra se vanter d'en posséder un très grand nombre seront tous des siècles grossiers. »

Dans cette lettre, qu'il faudrait reproduire en entier, Joubert dit encore :

Instruit avec quelque lenteur, avec peu d'appareil et d'une manière insensible, on se croyait peu savant et on se conservait modeste... On quittait, avide de s'instruire encore et plein d'amour et de respect pour les hommes qu'on croyait instruits. Que ceux qui ont vu les temps passés portent leur mémoire en arrière et qu'ils se souviennent d'eux-mêmes : ils avoueront que je dis vrai. La jeunesse de ce temps-là était un âge plein d'enthousiasme, et par là même de bonheur ; mais ses enthousiasmes étaient doux et

ses félicités paisibles. Les élèves même moins bien doués cultivaient
en eux avec délices les semences de morale et de bon goût qu'ils
avaient reçues. Ils entretenaient leur mémoire de ce qu'ils avaient
appris ou entendu dire de plus beau, et, contents de pouvoir com-
prendre quelques bons livres, ils avaient quelque part aux félicités littéraires... On cultivait dans chaque esprit ce qu'on pouvait
cultiver, et on n'en laissait aucun d'illettré et incapable d'admirer.

Joubert faisait honneur de ces succès moins à « la
méthode » et au « choix de l'enseignement » qu'aux
hommes qui enseignaient. C'est aux « corps ecclésias-
tiques enseignants », particulièrement aux oratoriens,
aux doctrinaires, aux jésuites, « aujourd'hui copiés,
disait-il, par les instituteurs français, » qu'il attribue la
gloire de cette « éducation littéraire », qui a pour but
de donner « aux esprits et aux âmes humaines une tein-
ture de ce que les poètes, les orateurs, les historiens et
les moralistes de l'antiquité ont eu de plus exquis, tein-
ture qui, certes, embellissait les mœurs, les manières
et la vie entière ».

Dans nos collèges, ajoute Joubert, l'enfant était dressé à distin-
guer et à goûter tout ce qui peut charmer l'imagination et le cœur.
Des hommes qui faisaient leurs délices de l'étude de ces beautés
se consacraient à leur enseignement. Jeunes eux-mêmes, ils portaient dans l'exercice de leurs fonctions un zèle épuré par le désin-
téressement le plus parfait et égayé par de riantes perspectives ;
ils voyaient dans l'avenir, dès que leur âge serait mûr, une retraite
studieuse, les dignités du sacerdoce, les grâces et les honneurs de
toute espèce qu'obtenaient alors les talents. Le temps de leur pro-
fessorat était pour eux un enchantement continu ; et de ces dispositions naissait en eux une aménité de goûts et de manières qui se
communiquait non seulement à leurs élèves, mais à tous ceux qui
enseignaient, car partout où il y a des modèles, il y a des imita-
teurs [1].

Faites aussi large que vous le voudrez, dans ce tableau
de nos anciens collèges, la part des sentiments et celle

[1] *Pensées et Lettres* de Joubert, t. II, 194.

du cœur; dites, je le veux bien, que cette peinture est un peu flattée; il n'en restera pas moins qu'elle est vraie et fidèle dans ses grandes lignes et que l'éducation d'autrefois n'a rien à redouter de la comparaison avec l'éducation d'aujourd'hui.

III

Je n'ai pris qu'un point dans l'ouvrage de M. l'abbé Sicard. Il serait facile d'en extraire bien d'autres détails intéressants, de signaler beaucoup d'autres questions sur lesquelles il abonde en renseignements neufs et curieux. Les chapitres consacrés aux *écoles militaires,* par exemple, seront, pour presque tous les lecteurs, une révélation véritable. On y verra que toutes les réformes scolaires dont on fait aujourd'hui tant de bruit, si elles ne sont pas renouvelées des Grecs, sont renouvelées... des moines. L'école Monge, l'école Alsacienne, ne font que suivre de loin, *non passibus æquis,* ce que les bénédictins de Sorèze ont essayé et mis en pratique, pendant cinquante ans, avec un succès et un retentissement qui portèrent dans toute l'Europe et au delà des mers la renommée de ce collège où les inspecteurs généraux de 1800, alors qu'il s'agissait de reconstituer les études détruites par la révolution, trouvèrent, selon leur expression, « un modèle colossal à imiter. »

Depuis la publication du livre de M. Sicard, M. l'abbé Allain, dans son volume sur l'*Œuvre scolaire de la Révolution,* a mis au jour des documents empruntés à la période du Consulat et qui confirment de la façon la plus éclatante les conclusions auxquelles était arrivé le savant auteur des *Études classiques avant la Révolution.*

Voici la liste de ces documents : 1º le *rapport sur l'instruction publique* présenté au conseil d'État en l'an IX, par le ministre Chaptal; 2º les rapports remis au premier consul par les conseillers d'État français (de Nantes), Duchâtel, Thibaudeau, Najac, Lacuée, Fourcroy et Barbé-Marbois, à la suite de la mission dont ils furent chargés la même année dans les départements; 3º les vœux des conseils généraux de département dans leurs sessions de l'an VIII et de l'an IX; 4º les réponses des conseils d'arrondissement au questionnaire de Chaptal (germinal et floréal an IX); 5º les statistiques départementales publiées en l'an IX et en l'an X par les préfets; 6º les rapports et les discussions qui ont précédé, au Tribunat et au Corps législatif, le vote de la loi de floréal an X.

Il est un point sur lequel tous ces documents s'accordent : tous demandent le retour de l'ancien état de choses, le rétablissement des anciennes écoles et des anciens collèges. « On peut donc, dit Chaptal, poser comme base fondamentale que, dans les temps qui ont précédé la révolution, la nature de l'instruction publique exigeait quelques réformes, mais on ne peut nier que *la méthode d'enseignement ne fût admirable.* »

Les conseils généraux de vingt-deux départements demandent en termes formels le rétablissement des communautés enseignantes. On regrette ouvertement l'ancien régime, les fondations dilapidées. « Les écoles primaires, dit le conseil général de l'Aisne, les régences particulières des bourgs, les collèges de plein exercice formaient une instruction graduée, proportionnée aux âges, aux capacités. Tous ces établissements étaient entretenus par des fondations, par des fabriques, par de légères rétributions des particuliers. Tout a été vendu; il reste même peu de bâtiments. Qu'en est-il résulté? Les enfants ont été livrés à l'oisiveté la plus dangereuse,

au vagabondage le plus alarmant. » — « Plusieurs écoles
que la révolution a fermées, dit le conseil général de la
Loire, jouissaient autrefois de revenus donnés par des
particuliers. Que sont devenus leurs titres? » — « L'instruction publique, dit de son côté le conseil général
d'Ille-et-Vilaine, est presque nulle dans toute la France,
parce qu'on a voulu s'écarter de la pratique confirmée
par l'expérience : on ne parle ni de la divinité, ni des
principes de la morale. On croit donc qu'il faut en revenir à ce qui se faisait anciennement. »

Les préfets eux-mêmes sont d'accord avec les assemblées départementales sur la nécessité de restaurer les
anciens collèges. « On ne peut se dissimuler que les
pertes qu'a fait éprouver à cette ville (Bourges) et au
département la suppression des anciens établissements
ne sont pas réparées par les nouvelles institutions (Cher). »
— « Les collèges, les universités ont été remplacées par
les écoles centrales. Mais avant 1789 chaque ville avait
son collège, et il n'existe dans chaque département
qu'une école centrale; un grand nombre de pères de
famille ne peuvent y envoyer leurs fils. On remédierait
à cet inconvénient en établissant des écoles secondaires
(Drôme). » Mêmes vœux dans l'Aude, dans les Hautes-
Alpes, dans l'Aube, etc.

La discussion de la loi de floréal an X n'est pas moins
instructive. Le projet était l'œuvre de Fourcroy, qui le
présenta au Corps législatif et en développa les motifs
dans son exposé; il ne peut se défendre de regretter
l'état de choses ancien : « Le gouvernement regrette,
dit-il, que l'état des finances ne lui ait pas permis d'en-
treprendre l'établissement des écoles secondaires et de
recréer ce que les collèges anciens avaient d'utile, en
élaguant les abus qui s'y étaient introduits. *Ce n'est
qu'après avoir reconnu que les moyens nécessaires pour*

*cette opération importante ne sont pas en ce moment à
sa disposition, qu'il a cru devoir adopter un autre mode...*
Il aurait fallu plus de deux millions de dépenses
annuelles pour établir aux frais du trésor public deux
cent cinquante écoles secondaires, et cependant ce
nombre indispensable eût été *inférieur à celui des collèges qui existaient avant 1789 et qui devaient presque
tous leur existence à des fondations particulières.* »

Devant le Tribunat, lorsque le projet de loi y fut
apporté, Carion-Nisas demanda que la direction des
lycées fût confiée exclusivement, comme avant 1789, à
des célibataires, c'est-à-dire à des religieux. Il exprima,
en même temps, le désir que le projet fût « coordonné »
avec le Concordat.

Un autre tribun, Duvidal, fit dans son discours l'historique de nos vieux établissements et ne dissimula pas
leurs progrès dans les derniers temps de l'ancien régime : « Si le choix de l'instruction administrée dans les
collèges n'était pas aussi heureux qu'on eût pu le dési-
rer, on ne saurait nier que la discipline et la subordina-
tion n'y fussent bien maintenues; qu'une longue expérience n'y eût beaucoup perfectionné la méthode d'enseignement, et *que même, depuis plusieurs années, le
zèle et le talent des professeurs ne suppléassent, en
grande partie, au peu d'étendue de la tâche qui leur était
assignée. C'était un édifice gothique dans lequel il y avait
beaucoup à conserver; trop de précipitation l'a fait
écrouler, et le malheur des temps en a dispersé les glo-
rieux débris* [1]. »

---

[1] Séance du 7 floréal an X. *Archives parlementaires*, 1re série, t. III,
p. 527-536.

IV

Que la diffusion de l'enseignement secondaire fût considérable avant 1789, beaucoup plus grande que de nos jours, les faits, les documents, les chiffres, les aveux mêmes des hommes les plus engagés dans les voies de la révolution, ne peuvent à cet égard laisser aucun doute. Mais en était-il de même de l'enseignement primaire? L'instruction était largement départie à la noblesse, au clergé, à la bourgeoisie. Mais le peuple? S'en inquiétait-on seulement? Ou plutôt ne le maintenait-on pas à dessein dans une ignorance complète, absolue? Sur ce point, les écrivains révolutionnaires sont les plus affirmatifs du monde, et à leur tête le plus célèbre d'entre eux, M. Michelet. Dans son *Histoire de la Révolution,* au milieu de tant d'autres énormités, il n'a pas craint de glisser cette audacieuse affirmation que, dans les campagnes, « le curé seul savait lire [1]. » M. Michelet écrivait cela en 1847. Un homme que je ne confonds pas avec M. Michelet, M. Jules Simon, écrivait de son côté en 1865, dans un livre intitulé *l'École :* « En 1774, sous l'abbé Terray, pour les écoles, rien. En 1775, dans le premier compte rendu de Turgot, pour les écoles, rien. En 1781, dans le compte rendu de Necker, pour les écoles, rien. De même, en 1785 et 1787... L'histoire n'avait rien à raconter en ce genre jusqu'en 1789. La France était profoudément, déplorablement ignorante. Cela est étrange à dire d'un pays qui, depuis quatre

[1] *Archives parlementaires,* 1re série, tome I, p. 89.

siècles, se vante, non sans raison, d'être à la tête du monde civilisé[1]. »

Membre de l'Académie française, secrétaire perpétuel de l'Académie des sciences morales et politiques, M. Jules Simon semble ignorer, — et c'est là peut-être ce qui est « profondément étrange ». — d'abord, qu'avant 1789 l'instruction secondaire était plus répandue qu'en 1865, à l'époque où il écrivait son livre, qu'en 1872, à l'époque où il était ministre de l'instruction publique; ensuite, que si les comptes rendus de l'abbé Terray, de Turgot et de Necker ne portent rien pour les écoles, c'est parce que l'Église, parce que l'initiative locale et privée avaient libéralement pourvu à l'enseignement primaire comme à l'enseignement secondaire. Si les collèges se comptaient par centaines, les « petites écoles » se comptaient par milliers, sans qu'il en coûtât rien au Trésor. En ce qui concerne l'enseignement primaire, en particulier, de nombreux documents ont été mis au jour depuis vingt ans, de nombreuses monographies ont paru, qui, pour la plupart de nos départements, ont fourni les indications les plus précises, les chiffres les plus certains. La lumière s'est faite. Là encore, il s'est trouvé que la thèse des écrivains révolutionnaires était justement le contre-pied de la vérité. De cette vaste enquête, à laquelle ont pris part tant de bons travailleurs[2], il ressort, d'une façon indéniable, que sur tous les points de la France il y avait, en 1789, des écoles nombreuses et

---

[1] *L'École*, par M. Jules Simon, p. 24 et 15.

[2] Il n'est que juste de rappeler ici les noms de plusieurs d'entre eux, MM. Fayet, Maggiolo, de Charmasse, de Beaurepaire, Albert Babeau, Ed. de Barthélemy, Armand Ravelet, Audiat, Léon Maître, de Fontaine de Resbecq, Victor Pierre, Puiseux, Darsy, Bellée, Veuclin, Cardine, Ricordeau, Lhuillier, Quantin, Urseau, Soulier, Thévenot, Combarieu, l'abbé Ernest Allain, dont l'excellent livre : *L'Instruction primaire en France avant la Révolution* (1881) résume et complète tous les travaux antérieurs.

régulièrement organisées; que chaque paroisse et presque chaque hameau avait la sienne. L'un des principaux orateurs du tribunat, M. Siméon, le reconnaissait du reste en ces termes, lors de la discussion de la loi de floréal an X : « Si tous les cultivateurs et les artisans ne savent pas lire et écrire, ce n'est pas que leurs parents n'aient pu faire les modiques frais de cette première instruction; *ce n'est pas qu'avant la révolution il n'y eût, presque dans chaque village,* un homme qui, sous un titre moins pompeux que celui d'instituteur primaire, ne fût en état de montrer, à très bon compte, à lire et à écrire aux enfants qu'on lui envoyait; mais le goût des parents n'était pas porté de ce côté[1]. »

Le tribun Siméon parle ici avec l'autorité d'un témoin. M. Taine qui parle, lui, avec l'autorité d'un juge, d'un rapporteur qui connaît à fond son dossier, doit également être entendu. Son texte est un peu long; je le reproduirai pourtant en entier. M. Taine est de ceux que l'on ne saurait trop citer.

Avant la révolution, dit-il, les « petites écoles » *étaient innombrables :* dans la Normandie, la Picardie, l'Artois, la Flandre française, *dans la Lorraine et l'Alsace,* dans l'Ile-de-France, la Bourgogne et la Franche-Comté, dans les Dombes, le Dauphiné et le Lyonnais, dans le Comtat, les Cévennes et le Béarn[2], *on en comptait presque autant que de paroisses.* en tout probablement 20,000 ou 25,000 pour les 37,000 paroisses de France, et fréquentées, efficaces; car, en 1789, 47 hommes sur 100 et 26 filles ou femmes sur 100 savaient lire et pouvaient écrire, ou du moins signer leur nom[3]. — *Et ces écoles ne coûtaient rien au Trésor, presque rien au contribuable, très peu aux parents.* En beaucoup

[1] *Archives parlementaires,* 2e série, t. III, p. 568.

[2] Abbé Allain, *l'Instruction primaire en France avant la Révolution,* et Albert Duruy, *l'Instruction publique et la Révolution,* passim.

[3] *Statistique de l'enseignement primaire,* II, ccxv. 1880. — *Dictionnaire de pédagogie et d'instruction primaire,* publié par M. Buisson. Article de M. Maggiolo, ancien recteur.

d'endroits, des congrégations, entretenues par leurs propres biens, fournissaient les maîtres ou maîtresses, frères de la Doctrine chrétienne, frères de Saint-Antoine, ursulines, visitandines, filles de la Charité, sœurs de Saint-Charles, sœurs de la Providence, sœurs de la Sagesse, sœurs de Notre-Dame et de la Croix, vatelottes, miramiones, manettes du tiers ordre, et d'autres encore. Ailleurs, le curé était tenu, par le statut de sa cure, d'enseigner lui-même ou de faire enseigner par son vicaire. Un très grand nombre de fabriques ou de communes avaient reçu des legs pour l'entretien de leur école ; souvent l'instituteur jouissait, par fondation, d'une métairie ou d'une pièce de terre ; ordinairement il était logé ; de plus, s'il était laïque, il était exempt des plus lourds impôts ; en qualité de sacristain, bedeau, chantre, sonneur de cloches, il avait quelques petits profits ; enfin, chaque enfant lui payait 4 ou 5 sous par mois ; parfois, notamment dans les pays pauvres, il n'enseignait que depuis la Toussaint jusqu'au printemps, et faisait, pendant l'été, un autre métier. Bref, son salaire et son bien-être étaient à peu près ceux d'un vicaire rural, d'un curé à portion congrue [1].

V

La révolution a donc trouvé la France pourvue d'un vaste système d'enseignement public. En haut de l'échelle, de nombreuses universités ; au centre, des centaines de collèges ; au-dessous des collèges, des milliers de petites écoles.

Sans doute, cette organisation de l'enseignement à ses divers degrés, due surtout à l'initiative privée et aux pouvoirs locaux, était imparfaite. Les réformes s'imposaient ; l'opinion publique avait formulé ses vœux à cet égard dans les *cahiers ;* le clergé, les corporations enseignantes elles-mêmes étaient en tête du mouvement.

[1] Taine, *le Régime moderne*, t. I, p. 213.

Mais au lieu de restaurer et d'agrandir, on démolit. Au lieu d'améliorer, on détruisit. On engloutit dans la banqueroute universelle, au profit de spéculateurs sans scrupules et de politiciens véreux, des biens patiemment accumulés et fidèlement employés à leur destination spéciale. On persécuta, on dispersa un personnel en majorité honnête, intelligent et tout prêt à concourir aux réformes sérieuses et pratiques[1]. « Tout ce grand établissement, dit M. Taine, a péri, corps et biens, comme un navire qui sombre : les maîtres ont été destitués, bannis, déportés et proscrits; les propriétés ont été confisquées, vendues, anéanties[2]. »

La révolution avait démoli. Il fallait reconstruire. Que mit-elle à la place de ce qu'elle avait renversé?

A la place des universités, elle ne mit rien. Les universités restèrent purement et simplement supprimées.

Pour tenir lieu des huit ou neuf cents collèges qui existaient en 1789, elle décréta une école centrale par département, quatre-vingt-huit pour le territoire de l'ancienne France. Mais ces écoles ne sont pas viables; leur mauvaise organisation, leur outillage défectueux, les condamnent fatalement à l'impuissance : les deux tiers au moins restent désertes[3]. Au lieu de 72000 élèves[4], l'enseignement secondaire n'en a plus que 7000 ou 8000; et six élèves sur sept, au lieu d'y chercher une culture, s'y préparent à un métier[5].

Bientôt même, ces écoles sont supprimées à leur tour : en l'an IX, la France n'a plus qu'*un lycée à huit profes-*

---

[1] Abbé Allain, *l'Œuvre scolaire de la Révolution*, p. 338.

[2] *Le Régime moderne*, t. I, p. 217.

[3] Abbé Allain, *l'Œuvre scolaire de la Révolution*, p. 340.

[4] Ce chiffre est celui de Villemain. Comme je l'ai dit plus haut, il résulte des recherches plus complètes faites depuis 1842, que ce chiffre est très au-dessous du chiffre réel.

[5] Taine, *le Régime moderne*, t. I, p. 219.

seurs par arrondissement de cour d'appel, et un petit nombre d'écoles secondaires, abandonnées au bon vouloir des communes et à l'industrie des particuliers.

Dans les anciens collèges, sur 72747 élèves, 33422 bénéficiaient, sans qu'il en coûtât rien au budget, de la gratuité totale; et 7199 de la gratuité partielle[1]. En l'an X, l'État, impuissant à supporter la charge de l'enseignement primaire, et, en grande partie du moins, celle de l'enseignement secondaire, assure des bourses, aux frais des contribuables, à 6400 élèves seulement[2].

Le déchet, pour l'instruction populaire, est plus considérable encore, la ruine est plus complète.

De tous les décrets et lois faits par la Convention en vue de réorganiser l'enseignement primaire, trois seulement furent appliqués : le décret Bauquier, du 29 frimaire an II (19 décembre 1793); le décret Lakanal, du 27 brumaire an III (17 novembre 1794); la loi Daunou, du 3 brumaire an IV (24 octobre 1795).

L'application du décret de frimaire an II ne donna que des résultats déplorables. Grégoire les constata en ces termes à la tribune de la Convention : « L'éducation nationale n'offre plus que des décombres; il nous reste vingt collèges agonisants : *sur près de* 600 *districts,* 64 *ont quelques écoles primaires,* 16 seulement présentent un état qu'il faut trouver satisfaisant, faute de mieux. Cette lacune de six années a fait presque écrouler les mœurs et la science[3]. »

Sous l'empire du décret de brumaire an III, la situation fut loin de s'améliorer. Voici à cet égard deux témoignages qui ne sont pas plus suspects que celui de Grégoire. Barailon disait aux Cinq-Cents, le 1er frimaire

[1] Chiffres donnés par Villemain et inférieurs aux chiffres réels.
[2] Abbé Allain, p. 340.
[3] *Moniteur* du 9 vendémiaire an III.

an VI : « Les commissaires envoyés dans les départements vous diront que, quoique l'instruction fût gratuite, les écoles de campagnes n'en étaient pas moins désertes pendant l'été, et qu'il ne s'y rendait que très peu d'élèves pendant l'hiver. Ils vous diront que la nation n'en recueillit aucun fruit[1]. » Dans un rapport de messidor an IV, le ministre de l'intérieur Benezech avait déjà constaté que « le plan Lakanal n'avait eu aucun succès ».

Le « plan Daunou », la loi de brumaire an IV, n'échoua pas moins misérablement. On lit dans un rapport émané du ministère de l'intérieur : « L'établissement des écoles primaires a été jusqu'ici presque partout sans succès. » Les conclusions d'un autre rapport ne sont pas moins défavorables : « Les écoles primaires sont presque partout désertes. Les instituteurs sont presque partout des hommes sans mœurs, sans instruction, et qui ne doivent leur nomination qu'à un prétendu civisme qui n'est que l'oubli de toute moralité et de toute bienséance. »

Des nombreux témoignages, des documents irrécusables réunis par M. l'abbé Allain, il résulte que les écoles établies sous le régime de la loi de l'an IV furent en très petit nombre; que les instituteurs, les locaux et les élèves firent partout défaut, et que si, de 1795 à 1802, l'instruction primaire ne périt pas tout à fait dans notre pays, on le dut presque uniquement aux écoles libres et chrétiennes qui se rouvrirent en quelques endroits et que le Directoire, pourtant, persécuta de son mieux.

Les petites écoles, sous l'ancien régime, étaient avant tout des écoles confessionnelles. Sous la république, les écoles primaires furent avant tout des écoles athées. La loi de brumaire an IV disait en son titre Ier, article 5 :

---

[1] *Moniteur* du 2 frimaire an VI.

« Dans chaque école primaire, on enseignera à lire,
à écrire et à calculer, et les éléments de la morale
républicaine. » La « morale républicaine », les pères de
famille savaient ce que cela voulait dire. Ils se refu-
sèrent presque partout à envoyer leurs enfants dans des
écoles où on ne leur faisait pas dire leur prière. « Pendant dix-huit mois, la Convention avait été, sur l'article
de la religion, en révolte ouverte contre la volonté du
peuple; sur la parole de quelques brigands, elle affec-
tait de croire que la France entière avait abjuré son
Dieu, tandis que la désolation univerelle protestait contre
cette imposture. » Cette observation de Grégoire est
absolument conforme à la vérité. Les écoles primaires
officielles restèrent désertes. A côté d'elles, sous le Directoire, en vertu de la constitution nouvelle, qui permet
aux citoyens « de former des établissements particuliers
d'éducation et d'instruction », s'élèvent des écoles libres,
mais par places seulement, et au milieu de toutes sortes
de difficultés et d'entraves. Elles réussissent pourtant,
et en l'an VI le ministre de l'intérieur, Letourneur, écrit
avec désespoir : « Combien, dit-il, le spectacle que présente le tableau des écoles primaires ne doit-il pas affli-
ger l'âme de tous les vrais républicains?... *Sans élèves
pour la plupart,* les instituteurs voient leur zèle entiè-
rement paralysé, et ce n'eût été *qu'en se prêtant par une
lâche complaisance aux plus honteux préjugés, et en
devenant parjures à leur serment, qu'ils auraient pu
obtenir quelque succès.* Et cependant, à côté d'eux, s'éle-
vaient et s'élèvent encore avec audace *une foule d'écoles
privées,* où l'on propose impunément les maximes les
plus opposées à la constitution et au gouvernement, et
*dont la coupable prospérité semble croître en raison de la
perversité des principes qu'y reçoit la jeunesse.* »

Le Directoire, que M. Thiers, dans son étrange *His-*

toire de la Révolution, appelle « ce gouvernement légal et modéré[1] », et que M. V. Pierre, mieux informé, appelle « un régime de honteux despotisme et de persécutions administratives[2] », le Directoire, voulant à tout prix conjurer la ruine de l'enseignement officiel, employa tous les moyens, les procédés inquisitoriaux, la violence, la proscription, la mise hors la loi, non seulement des maîtres, mais des élèves. Une minutieuse inquisition fut exercée de toutes parts, et d'innombrables écoles furent fermées. On n'en continua pas moins à fuir l'école où l'on enseignait « la morale républicaine », dût-on, provisoirement du moins, renoncer à tout enseignement. « Le peuple français résista, disait en l'an IX le conseil d'arrondissement de Saint-Malo. En vain lui proposa-t-on des modes d'enseignement qui lui répugnaient; il les rejetait et attendait. Les pères les moins instruits, les mères les moins tendres disaient : « Il vaut mieux « que nos enfants restent sous nos yeux, que de n'avoir « ni Dieu, ni foi, ni loi. » Ils le disaient, ils le disent encore[3]. »

« De l'an V à l'an VIII, a pu écrire le conventionnel Grégoire, la persécution religieuse, armée de tous les moyens d'astuce, de séduction, de *férocité,* d'acharnement, a fait d'inutiles efforts pour attirer l'enfant à ses écoles, le peuple à ses fêtes décadaires[4]. »

Ainsi, d'une part, écoles publiques très rares et à peu près désertes; écoles privées combattues, écrasées avec insistance par le gouvernement : au total, enseignement primaire presque nul. Sur ce point, nul doute possible. Les témoignages, les textes abondent. En voici

---

[1] Thiers, tome X, p. 240.
[2] Victor Pierre, *la Terreur sous le Directoire.*
[3] Archives d'Ille-et-Vilaine.
[4] Cité par Victor Pierre, *l'École sous la Révolution française,* p. 207.

quelques-uns. En l'an II, à la séance du 13 fructidor
(30 août 1794), un membre de la Convention s'écrie :
« Il est bien certain, et mes collègues le voient avec
douleur, que *l'instruction publique est nulle.* » Un rapport au Directoire exécutif, en date du 13 germinal
an IV (2 avril 1796), renferme cette constatation : « Depuis
près de six ans, *il n'existe plus d'instruction publique.* »
Deux jours avant, le 11 germinal (31 mars 1796), Fourcroy avait dit à la tribune du conseil des Anciens :
« Partout on se plaint du défaut d'enseignement; dans
les villes même les plus peuplées, à peine trouve-t-on
quelques maisons particulières où l'on puisse faire donner à ses enfants les premiers éléments de la lecture
et de l'écriture. *Voilà l'état au vrai de l'instruction
publique en France.* » — « La génération, disait Bonnaire,
au conseil des Cinq-Cents, le 28 nivôse an VII (17 jan-
vier 1799), la génération qui touche à l'adolescence ne
pourra, en l'an XII, exercer ses droits de citoyen : *elle
ne saura ni lire ni écrire.* » En l'an IX, Chaptal, ministre
de l'intérieur, était réduit à consigner, dans un rapport
officiel, cet aveu : « La génération qui vient de toucher
à la vingtième année est irrévocablement sacrifiée à
l'ignorance : *la masse de la nation croît sans instruction.* » Les statistiques départementales, publiées en
l'an IX et en l'an X par les préfets, confirment cette
appréciation. A Metz, en 1789, il y avait cinq écoles gratuites pour le premier âge, dont une pour les garçons
et quatre pour les filles, tenues par des religieux ou
religieuses. En 1800, il n'y en a plus une seule. « On
a, dit le préfet de la Moselle, livré à l'ignorance une
génération entière. » — Département de l'Ain : « En 1800,
les écoles primaires étaient presque nulles dans ce département comme dans le reste de la France. » — Vosges :
« L'instruction primaire est presque nulle. » — Sarthe :

L'enseignement primaire est nul. » — Meuse - Infé-
rieure : « On craint que, dans une quinzaine d'années, il n'y ait plus un homme sur cent qui sache
écrire. » — Indre : « Les universités, les collèges, les
séminaires, les maisons religieuses, les écoles gratuites,
tout a été détruit; et sur ces décombres, on a élevé de
vastes plans d'instruction nouvelle. Presque tous sont
restés sans exécution. *Nulle part, pour ainsi dire, les
écoles primaires n'ont été instituées, et celles qui l'ont été
l'ont été si mal, qu'il vaudrait presque autant qu'elles
n'eussent pas été.* Avec un pompeux et dispendieux système d'instruction publique, *dix années ont été perdues
pour l'instruction*[1]. »

VI

Je ne puis que fournir ici quelques indications, jeter
quelques notes, tracer une esquisse aussi imparfaite
qu'insuffisante. Je renvoie le lecteur à l'ouvrage de
M. l'abbé Allain; il y verra par le détail, avec mille
preuves à l'appui, combien a été néfaste l'œuvre scolaire
de la révolution. Le talent de l'écrivain égale du reste
son érudition. Tels de ses chapitres, celui sur les *Écoles
centrales* par exemple, ou encore celui sur l'*École nor-
male de l'an III,* sont des modèles d'exposition historique.

Mes observations, mes chicanes, si l'on veut, se rédui-
ront à peu de chose. La première portera simplement

---

[1] *Statistiques des préfets.* Elles sont cataloguées à la Bibliothèque nationale sous les n°s L³¹ 9, 10, 11. — Abbé Allain, p. 320 et suiv. — Albert
Duruy, p. 480, 496. — Taine, *le Régime moderne*, p. 217 et suiv.

sur un mot, moins qu'un mot, une épithète. Parlant, à la page 129, du ministre Benezech, qui présida à la première organisation des écoles centrales, l'auteur l'appelle le « sage » Benezech. L'éloge est-il bien mérité? A l'époque même où il s'occupait de cette organisation, Benezech ordonnait à ses agents de donner la chasse aux « fanatiques », c'est-à-dire aux catholiques. « Par une surveillance active, écrivait-il, continuelle, infatigable, rompez leurs mesures, entravez leurs mouvements, *désolez leur patience;* enveloppez-les de votre surveillance; qu'elle les inquiète le jour, qu'elle les trouble la nuit; ne leur donnez pas un instant de relâche; que sans vous voir ils vous sentent à chaque instant. » Il signale surtout à leur sollicitude les prêtres fidèles, qu'il appelle naturellement les « mauvais prêtres ». « Les mauvais prêtres sont les ennemis nécessaires, éternels, irréconciliables, les ennemis les plus dangereux de la révolution. Méprisés par les hommes forts, ils dominent les faibles... Que vos regards n'abandonnent pas un seul instant ces instruments de meurtre, de royalisme et d'anarchie, et que la loi qui comprime, qui *frappe* ou qui déporte les réfractaires, reçoive une prompte et entière exécution [1]. »

Dans le chapitre de M. l'abbé Allain sur *les lois de la Convention,* je remarque une lacune qu'il me suffira, j'en suis sûr, de signaler à l'auteur pour qu'il la fasse disparaître dans une prochaine édition. Il ne dit rien des idées de Robespierre et de Danton sur les droits du père de famille en matière d'éducation. Il me semble bien pourtant qu'il y avait lieu de les rappeler. « La patrie, disait Robespierre, a seule droit d'élever ses enfants. Elle ne peut pas confier ce dépôt à l'orgueil des

---

[1] *Journal des Débats et des Décrets,* frimaire an IV, p. 158.

familles ni aux préjugés des particuliers, aliments éternels de l'aristocratie et d'un fédéralisme domestique qui rétrécit les âmes en les isolant[1]. » Danton ne parlait pas autrement que Robespierre : « Il est temps de rétablir ce grand principe, qu'on semble trop méconnaître : que les enfants appartiennent à la république avant d'appartenir à leurs parents... Qui me répondra que les enfants, travaillés par l'égoïsme des pères, ne deviennent dangereux pour la république? Et que doit donc nous importer la raison d'un individu devant la raison nationale[2]? »

Cette théorie était bien la vraie théorie révolutionnaire. Ce que disait Danton à la tribune de la Convention, le 12 décembre 1793, le député Bérenger le répétait à la tribune du conseil des Cinq-Cents le 13 octobre 1797, déclarant, aux applaudissements de l'Assemblée, que « si les enfants appartenaient encore aux parents, ce n'était que par *l'effet d'un préjugé généralement* répandu[3]». Aussi bien, qu'était l'autorité paternelle, sinon un préjugé que la révolution avait détruit comme tous les autres? Cambacérès, dans la séance de la Convention du 22 août 1793, n'avait-il pas fait, au nom du comité de législation, un rapport sur le code civil où se trouvait ce passage : « La voix impérieuse de la raison s'est fait entendre; elle a dit : *Il n'y a plus de puissance paternelle*[4]! »

---

[1] Séance du 18 floréal an II (7 mai 1794). — Réimpression du *Moniteur*, t. XX, p. 400.

[2] Séance du 22 frimaire an II (12 décembre 1793). — Réimpression du *Moniteur*, t. XVIII, p. 654.

[3] Discours de Bérenger au conseil des Cinq-Cents, sur les enfants de la patrie.

[4] Réimpression du *Moniteur*, t. XVII, p. 400.

VII

Lorsqu'on est en présence d'un livre comme celui de M. l'abbé Allain, d'un ouvrage consciencieux, écrit sur pièces, plein de faits sévèrement contrôlés, le meilleur hommage qu'on puisse rendre à l'auteur c'est, il me semble, de lui signaler des documents, des faits, qui pourront peut-être lui servir au moment d'une réimpression. C'est ce que j'essayerai de faire en terminant.

Voici un petit fait, une simple annonce de journal, qui en dit plus long que les rapports officiels eux-mêmes sur l'état auquel était réduite l'instruction primaire sous la révolution, même à Paris. Je l'emprunte au *Moniteur* du 22 ventôse an II (12 mars 1794) :

On désirerait trouver, d'ici au 1er germinal, une citoyenne, fille ou veuve sans enfant mâle, qui eût de bons répondants et qui eût donné preuve de ses sentiments civiques et républicains, pour servir d'*institutrice* à une classe d'une vingtaine de jeunes filles. Elle sera logée, chauffée et éclairée; elle aura 800 livres d'appointements, sans compter les gratifications qu'elle recevra tous les six mois, à raison de ses soins assidus et de l'avantage qu'elle donnera à l'institution par ses talents. *On désirerait qu'elle sût LIRE, ÉCRIRE et COMPTER.* — S'adresser à la citoyenne Motte, membre de la Société philanthropique et patriotique de bienfaisance de femmes, rue de l'Arbre-Sec, n° 18, chez un accoucheur [1].

Les rares écoles qui subsistaient étaient devenues, suivant le mot de Barbé-Marbois, *celles de la licence*[2]. Et il était impossible, en effet, qu'il en fût autrement.

[1] Réimpression du *Moniteur*, t. XIX, p. 676.

[2] Rapport de Barbé-Marbois au conseil des Anciens, le 11 germinal an IV (31 mars 1796).

La Convention avait proscrit tous les livres d'enseignement qui rappelaient l'ancien régime. Il fut défendu d'enseigner l'histoire de France, la république reconnaissant ainsi qu'entre la France et elle il n'y avait rien

Danton.

de commun; on fit des perquisitions pour saisir et détruire les bibles[2]. Plusieurs des membres du comité de l'instruction publique disaient hautement, au témoignage de leur collègue Grégoire, que l'instruction était

[1] *Correspondance de Mme Campan*, t. I, p. 306.

inutile et qu'il fallait seulement enseigner aux enfants à *lire dans le grand livre de la nature*[1]. Tous les livres élémentaires, depuis le *Livre indispensable aux enfants de la liberté* jusqu'à la *Philosophie des sans-culottes ou Essai d'un livre élémentaire pour servir à l'éducation des enfants,* prêchent la haine de la religion et de la royauté, enseignent le mépris du passé de la France. Le maître demande à l'écolier « d'entrer dans quelques détails des maux qu'a produits la religion catholique », et l'écolier doit répondre : « L'abrégé de ces déplorables détails va faire frémir[2]. »

Les instituteurs ne prononçaient jamais le nom de Dieu; s'ils parlaient de religion, ce n'était jamais que pour la tourner en ridicule[3]. Les uns empêchaient leurs élèves de faire le signe de la croix[4]; d'autres commençaient la classe en parodiant ce signe sacré et en substituant aux noms de la sainte Trinité ceux de Lepeletier, de Marat et de Danton. On lit dans les *Souvenirs* de l'abbé Dumesnil, curé de Guerbaville (Seine-Inférieure) : « Le maître d'école, homme pourtant assez instruit, qui avait été longtemps mon clerc, mais auquel la révolution avait tourné la tête, faisait faire à ses élèves le signe de la croix en disant : « Marat, Peletier, *amen*[5]. »

A Paris, les enfants des écoles envoient des députations à la commune. Un jour, le 4 novembre 1793, ce sont les *élèves de la patrie* qui viennent demander un drapeau. L'orateur, âgé de sept ans, expose les principes qui l'animent, lui et ses camarades. Le conseil général,

---

[1] *Mémoires de l'abbé Grégoire,* publiés par Hippolyte Carnot, ch. III.

[2] *L'Éducation nationale ou principes de morale.*

[3] *Mémoires de l'abbé Grégoire,* ch. III.

[4] *L'Église du Mans pendant la Révolution,* par dom Piolin, t. III, p. 393.

[5] *Mémoires de l'abbé Dumesnil,* publiés par le baron Ernouf, p. 88. *Les Hautes œuvres de la Révolution en matière d'enseignement,* par M. Fayet, p. 40.

après leur avoir accordé le drapeau demandé, décide qu'il sera donné à chacun de ces élèves un bonnet rouge, aux frais de la commune, afin de leur inspirer la ferme résolution de le tremper dans le sang des despotes pour lui rendre sa première couleur, si jamais elle venait à s'altérer [1].

Ces *élèves de la patrie* répondaient d'ailleurs dignement aux encouragements de la commune. Voici, en effet, ce que disait le citoyen Rollin, observateur de l'esprit public, dans son rapport du 1er ventôse an II (19 février 1794) :

Les jeunes gens appelés *élèves de la patrie* sont aussi corrompus qu'on puisse l'imaginer. Hier, au jardin national des Plantes, ils se permirent de chanter les chansons les plus obscènes, ce qui fit murmurer le public ; leurs conducteurs n'en rougirent point. Des citoyens se permirent d'imputer la faute au citoyen Chaumette [2], de ce qu'il a obtenu qu'ils ne seraient plus corrigés [3].

Il importe de remarquer que l'institution à laquelle appartenaient ces jeunes sans-culottes était une institution modèle, établie dans un local officiel, à *Martin-des-Champs,* ci-devant l'abbaye de Saint-Martin des Champs ; elle avait pour directeur un des principaux membres de la Convention nationale, Léonard Bourdon. Lors de la distribution des prix, qui eut lieu au mois de juin 1793, la Convention nomma une commission chargée d'y assister. Du rapport présenté par cette commission et imprimé par ordre, j'extrais ce passage : « Nous allons rendre compte de ce que nous avons vu, entendu, senti. Le premier acte s'est ouvert par une assemblée des jeunes élèves, *qui ont délibéré sur les affaires de leur*

[1] Séance de la commune du 4 novembre 1793 (14 brumaire an II). — *Courrier de l'Égalité* du 20 brumaire (10 novembre 1793).

[2] Procureur général syndic de la commune.

[3] *Paris en 1794 et 1795*, par C.-A. Dauban, p. 64.

petite république. A cette scène a succédé la *tenue d'un tribunal, des juges, des jurés, un accusateur public, des prévenus, jugés suivant les formes républicaines.* » Et le rapport se terminait ainsi : « Cette école fait honneur à ceux qui y enseignent, et surtout au citoyen qui en est le créateur et que les élèves regardent comme un père. Il faut aider cette institution et la subventionner. » La subvention, certes, était bien placée, et la république ne perdait point ici son argent : de cette école sortira Louvel, l'assassin du duc de Berry [1].

A Paris, les écoliers jouaient au tribunal révolutionnaire; en province, ils jouaient au jeu de *l'aimable* guillotine. A Rennes, où l'on recherchait activement, sans pouvoir parvenir à découvrir sa retraite, le député Lanjuinais, proscrit après le 2 juin 1793, un maître de pension conduisait ses élèves, lorsqu'il était content d'eux et à titre de récompense, sous les fenêtres de Mme Lanjuinais. Arrivés là, nos jeunes écoliers installaient de petites guillotines que leur maître leur avait distribuées, et ils les manœuvraient pendant plusieurs heures [2].

On appellerait cela aujourd'hui des « leçons de choses ». Les écoliers des campagnes n'en étaient pas plus privés que les écoliers des villes. D'un rapport du citoyen Guillaume Kerhouant, ouvrier du port de Lorient, nommé, le 19 février 1794, par le conventionnel Prieur (de la Marne), instituteur communal de Languidic, je détache le récit d'une petite fête patriotique donnée par ce digne instituteur à ses élèves et aux bonnes gens de la commune :

Je fis gillotiner, dit Guillaume Kerhouant, dont je respecte scrupuleusement l'orthographe, je fis gillotiner en effigie Marbeuf et

---

[1] *Procès de Louvel devant la Cour des pairs.* 1820).

[2] *Notice historique sur le comte Lanjuinais,* par Victor Lanjuinais, ancien ministre, p. 43.

Kerfili émigrés; il me serait trop lonc d'en faire les détailles et de pindre l'émulation que cela donna. Cet au pieds de l'arbre de la liberté sur une étale de boucher que cette cérémonie at été faite.

La tette de Marbeuf a tété déchirer avec fureur et l'autre porté au bout d'un sabre. Les trons ont été porté en triomphe avec les biniou et au cri de : Vive la nation ! Vive la république ! hors du bourg pour estre bruler et l'on a dencer la carmainnole autour du feu.

« Gillotiner » les gens en effigie, c'était bien ; mais donner la chasse aux prêtres et les livrer au bourreau, c'était mieux, et l'instituteur de l'an II ne laissait pas d'employer ses élèves à cette besogne. On lit dans un autre de ses rapports :

Les praite constitutionnels vont revenir pour continuer leurs fonctions comme par le passé. Si une partie de cela pouvait estre vrai, je le croirez quand il le faudera; mais pour croire le tout, je ne le peu, parce que la raison et la révolution française ne peuvent réellement rétrograder. Je continuerez jusqu'à nouvelle ordre à instruire mes élèves dans le temple de la Raison, devant le bonnait de la liberté. Je leur direz la vérité pendant que je serez au milieu d'eux et j'esperre qu'ils aubaiirons à ma voix comme ils le flrent le deux de ce mois lorsque je leurs dit mes enfants un praite refractaire vien de s'évader, allons le chercher dans les bois, les genais, informons-nous dans les villages si on ne l'a pas vue passer. Les enfants se répendents dans les environs, une partie d'eux le trouve dans le bois de Kercadic, ils criers tous le voilà, la garde l'arrette et le livre au gendarme. Ce fut là que je trouva l'occasion de me débender contre les praites, leurs boîtes aux ongants et les autres bijouteries du fanatisme. Ce que j'avais dit aitait une bonne leçon pour les grands et pour les petits. Je dis en flnissant au réfractaire : tien voilà mes enfants je ne leur direz jamais de mensonges comtois et toutes tes semblables. Le maire fît donner du cidre aux enfants pour les défatigué et les payer du service qu'ils venaient de rendre à la république[1].

Qu'ajouter à un tel document? et quel autre nous pourrait mieux faire connaître ce qu'a été l'œuvre scolaire de la révolution ?

[1] *Un Instituteur en l'an II*, par Albert Macé, 1884. Pages 5 et 7.